Ahnenmedizin

Seelenhomöopathie

Kim Fohlenstein

Kartenset
Mikrokosmos

heil+kunst Verlag

Mail: verlag@heilundkunst.de
Internet: www.heilundkunst.de

Alle Informationen dienen der spielerischen Selbsterfahrung. Sie wurden nach bestem Wissen und Gewissen erarbeitet. Diagnose und Behandlung von Erkrankungen gehören in die Hände eines Arztes/Therapeuten! Für Nachteile und Schäden, die durch die Benutzung dieses Kartensets und seines Begleitheftes entstehen könnten, wird vom Verlag keine Haftung übernommen.

Inhaltsverzeichnis

Vorwort der Wölfe Seite 5
Einleitung Seite 6
Überblick der neun Lebensfelder Seite 7
Ahnenmedizin - Grundlagen Seite 8
Seelenhomöopathie und Mikrokosmos Seite 9
Freiheit - Hirnnerven Seite 10
Selbstvertrauen - Körperhöhlen Seite 12
Verbundenheit - Hormondrüsen Seite 14
Ahnenfeld männlich - Minerale Seite 16
Euphrasia - Gedicht Seite 18
Ahnenfeld weiblich - Heilkräuter Seite 20
Dem großen Zyklus vertrauen Seite 22
Torwächter - Giftpflanzen Seite 24
Pulsatilla - Gedicht Seite 27
Seelenebene Zeit - Pilze Seite 28
Seelenebene Raum - Bäume Seite 30
Seelenebene Wesen - Märchen Seite 32
Aus dem Seelenleben eines Rumpelstilzchens Seite 35
Die Ebenen Seite 36
Die Achsen Seite 38
Umgang mit den Karten Seite 40
Legeanleitungen Seite 42
Autorin und Quellenangabe Seite 46
Bildkünstler Seite 47

Warum wir hier auf dieser Erde sind,
das weiß man nicht als Menschenkind.
Wir versuchen Moleküle hin und her zu schieben...
und uns die Hirne zu verbiegen...
Aber es ist eben immer dieser kleine Moment,
In dem sich der Mensch im Anderen erkennt.
Dort, wo unsere Moleküle uns ähnlich sind...
Wirst du zum Himmel- und auch Erdenkind.

Kim Fohlenstein

Vorwort der Wölfe

Wenn dir der Wolf begegnet, habe keine Angst... Er ist der Torwächter zu jener Zeit, die mit "Es war einmal..." beginnt.
Seine Zähne der Zeit verschlingen die Sehnsucht der Seele mit Gewissheit.

Wenn dir der Wolf nicht begegnet, sei nicht enttäuscht, du fühlst nur dein Kind in den Brunnen fallen.
Worauf wartest du eigentlich? Es gibt keinen heiligeren Raum, als den, der dich umgibt.
Nun werden dir die Fragen von Bäumen und Broten gestellt...
Fühle dich willkommen im Land der Frau Holle - es ist hier wie immer - deine Entscheidung.
Hast du wirklich geglaubt, dass der Wolf - der Torwächter der alten Zeit - ausgerechnet dich nicht gefressen hat?

Seine Augen können dich besser sehen, als du dir vertraust.
Neun Gezeiten lang wurdest du ausgebacken und plötzlich scheint alles ganz schnell zu gehen - wie aus Versehen.
Der kaiserliche Zeitenschnitt bringt deinen Körper - deinen Mikrokosmos - zielsicher genau in das Märchen deines Lebens.
Der Bauch ist auf - die Zeit ist dein.
Verbundenheit ist das weibliche Prinzip, in dem alle und alles unvergänglich wachsen werden.
Und nichts und niemand kann seine Zeit vergeuden, weil die Ohren des Wolfes dich besser hören..., bis du dich zu leben wagst.

Kim Fohlenstein

"Alles Vergängliche
Ist nur ein Gleichnis;
Das Unzulängliche,
Hier wird's Ereignis;
Das Unbeschreibliche,
Hier ist's getan;
Das Ewig - Weibliche
Zieht uns hinan."

Johann Wolfgang von Goethe

Einleitung

Grundlegend bei der Ahnenmedizin ist der Gedanke, dass wir mehr sind als nur ein Körper in einer Zeitdimension.
Vielmehr wird all unser Handeln, welchen Job wir wählen, welches Essen wir zu uns nehmen oder welche Musik wir gerne hören, mitbestimmt von unseren Ahnenfeldern, sowohl von der mütterlichen, als auch von der väterlichen Linie, bis ins ganz alte Ahnenfeld hinaus.
Die Arbeit mit dem Karten-Set ermöglicht Einsicht, wo und wie dieser Sachverhalt wirkt und dass er permanent anwesend ist.

Ziel ist es, den tieferen Sinn eines persönlichen Themas über all seine Verknüpfungen in der Zeit zu verstehen. Man kann diese Arbeit für sich selbst nutzen oder auch gemeinsam, wenn es sich um eine gemeinsame Frage oder Konflikt handelt.

Bearbeitet wird ein Thema, das gerade im Leben präsent ist. Durch das Ziehen der verschiedenen Karten erhält man bei einer Legung aller neun Felder auf der persönlichen Ebene drei Antworten aus der jetzigen Gegenwart.

- Wo ist bei diesem Thema die innere Freiheit blockiert?
- Wie ist das Selbstvertrauen in diesem Thema geschwächt?
- Und was hindert einen daran, sich mit all seinen persönlichen Fähigkeiten zu verbinden, um in diesem Konflikt zu handeln?

Dann öffnen wir durch das Ziehen weiterer Karten das Zeit-Tor in die Ahnenwelt. Das weibliche Ahnenfeld liefert Antworten zur inneren Versorgungsfähigkeit und das männliche Ahnenfeld zur inneren Führungskraft in Bezug auf das Spielthema. Der Torwächter erklärt den grössten Teil der Aufgabe. Er steht für das alte übergeordnete Ahnenfeld und wird im Mikrokosmos durch die Giftpflanzen repräsentiert.
Die Seelenebene erlaubt den Bezug in die übergeordnete Zeit und die Wege und Prägungen unseres Unterbewusstseins. Sie berührt die Traumwelt und das magische Bewusstsein.
Durch diese verschiedenen Zeitebenen wird das Phänomen der Vielschichtigkeit und Gleichzeitigkeit plastisch sichtbar und berührt den Konflikt auf unerwartete Weise. Es entsteht ein Bewusstsein für das Potential im eigenen Ahnenfeld.

Insgesamt neun Karten werden in einem Spannungsfeld der Zeit sortiert und ergeben dadurch ein komplexes Bild der interagierenden Faktoren des eigenen Feldes.
Es existiert keine wichtige Reihenfolge der Lebensfelder. Man kann sich hier einfach intuitiv durcharbeiten oder zu der ein oder anderen Frage einfach nur eine kleine Auswahl an Lebensfeldern befragen. Seien Sie hier bitte kreativ - es ist kein starres System, sondern ein Spiel mit der Zeit.

Überblick der neun Lebensfelder

Wo ist die innere Freiheit blockiert? **Freiheit**	Der blinde Fleck. Was ist nicht verbunden? **Verbundenheit**	Wie ist das Selbstvertrauen geschwächt? **Selbstvertrauen**
Wie geht es der inneren Führungskraft? **Ahnenfeld männlich**	Einblick in den Kern des Konfliktes. **Torwächter**	Wie geht es der inneren Versorgung? **Ahnenfeld weiblich**
Der Focus der Seelenaufgabe **Seelenebene Zeit**	Die Entfaltung der Seelenaufgabe **Seelenebene Wesen**	Der Raum der Seelenaufgabe **Seelenebene Raum**

Ahnenmedizin - Grundlagen

In der **Embryonalzeit** durchläuft ein Mensch alle wesentlichen Entwicklungsstadien der Evolution der Menschheitsentwicklung im Schnelltempo und trägt diese Erfahrungen bis heute in einem der ältetsten Hirnbereiche mit sich - nämlich dem Hirnstamm. Man bezeichnet den Hirnstamm auch als das **„Reptiliengehirn“**, weil es bis in die Reptilienzeit zurückreicht.

Was ist dort alles gespeichert? Erstmal enthält der Hirnstamm wesentliche Kontrollzentren für Atmung, Herz und Kreislauf, sowie viele lebensnotwendige Reflexe wie z.B. Husten, Niesen und Brechen. Diesem Bereich des Gehirns entspringen fast alle der Hirnnerven, die diese lebenswichtigen Funktionen dann auch im Körper umsetzen können.

Was hat das jetzt mit Ahnenmedizin zu tun?
Zellbiologisch sind wir jeweils aus den Erfahrungen unserer Vorfahren aufgebaut. Alles, was sich als nützliches Handeln erweist, wird weitergegeben, und zwar ganz stofflich. Dadurch sind Erfahrungen über die Zeiten hinweg gespeichert worden. Auch der heutige moderne Mensch bezieht Informationen für sein Handeln aus diesem Pool. Zwanzig Generationen sind wenig für die Evolution. Hier ist der ganz stoffliche Bezug zu unserer Ahnenwelt, von der wir beeinflusst werden, weil wir ihre Erfahrungen über unser Nervensystem ständig abfragen und es in unsere Entscheidungen und Handlungen mit einfliesst. Unter diesem Aspekt kann man sich eigentlich gar nicht alleine fühlen können ;-)

Notsituationen prägen den Lebensweg
Wenn Menschen in große Not geraten, ist ihr Handeln mit den dazugehörigen Erfahrungen sehr ausschlaggebend und weitreichend für die nachfolgenden Generationen. Da es diese reale Erfahrung und die darauf folgenden Ergebnisse gibt - hat diese alte Erfahrung in bestimmten Ebenen unserer Hirnstrukturen fast immer das stärkere Argument gegenüber neuen Freiheitswünschen und Experimenten des lebenden Menschen.

Um im „Heute“ gut handlungsfähig zu sein, ist es nützlich, sich die Lebensfelder der alten Zeit und der Seelenebene mit den persönlichen Aspekten gleichzeitig zu verdeutlichen und mit ihnen in einen versöhnenden Kontakt zu treten. Uralte aufgestaute Gefühle wie Wut, Angst, Bitterkeit oder beleidigter Widerstand sind manchmal wie hängengeblieben, scheinen unerreichbar zu sein und bestimmen doch bei vielen Entscheidungen mit.
Durch die Betrachtung und bewusste Integration dieser Erfahrungen gelingt es, freier zu leben.

Die Seelenhomöopathie arbeitet mit Seelenbildern
Ein Seelenbild hat eine Resonanzschwingung, die das eigene Empfinden oder die Empfindungszustände des Ahnenfelds erreicht oder ihm ähnlich ist.

Es entsteht Berührung auf kognitiver Ebene durch Ähnlichkeit und Resonanz
Eine seelenhomöopathische Karte ist so feinstofflich in ihrer Information, dass sie über die kognitive Ebene das Gefühl berührt und bewegt. Hier geht es um lesen, aufnehmen und verstehen.

Hinzu kommt der ahnenmedizinische Kontext
Die Sortierung der Zeitachsen gibt zusätzliche Informationen über das mitwirkende Ahnenfeld. Die Gesamtheit des eigenen Feldes zu sehen und als Einheit zu begreifen ist der erste Schritt im ahnenmedizinischen Ansatz.

Wir sind mehr als ein Körper in einer Zeitdimension. Wir sind Teil eines Feldes, welches sich ständig aufeinander abstimmen muss. Die Anwesenheit der Zeit-Aspekte wahrzunehmen, die sich in der Gegenwart permanent durch Geschehnisse und Gefühle ausdrücken, ist wesentlich in der ahnenmedizinischen Arbeit. Die neun Positionen der Karten bieten einen Einblick in die Vielschichtigkeit eines Themas. Wenn das Bewusstsein zwischen den einzelnen Positionen hin- und herzuwandern beginnt und nach Verbindungen sucht, ist der Konflikt bereits dabei, beweglicher und flexibler zu werden. Stagnation oder Bewegungsverlust kennzeichnen einen Konflikt. Beweglichkeit und Flexibilität öffnen dem Fragenden das Tor zu neuer Wahrnehmungs- und Handlungsfähigkeit.

Man könnte **die neun Lebensfelder** als völlig getrennte Einheiten betrachten. Was hat schon ein Pilz mit einem Hirnnerv zu tun oder ein Märchen mit einer Hormondrüse? Das Kartenset Mikrokosmos geht grundsätzlich davon aus, dass alles mit allem verbunden ist, einfach weil es existiert, so wie wir. Die Frage lautet also nicht: Bin ich das oder (lieber) nicht, sondern sie lautet:
Wie, wann, wo und in welcher Form bin ich mit diesem Wesen oder dieser Substanz verbunden?
Die Fragestellung macht insofern sehr viel Sinn, weil es ja nun mal eine Verbindung geben muss zwischen zwei existierenden Wesenheiten. Die Gefühle, die das auslöst, stehen auf einem anderen Blatt und sind natürlich genau das interessante Wagnis, welches man mit den Karten eingeht. Die Dimension der Zeit spielt auch eine wesentliche Rolle. Jedem Stoff wohnt auch die Lösung inne, wenn er im richtigen (Zeit-)Abstand und an der richtigen Position wahrgenommen wird. Er wird allein schon bildlich **ein Teil vom Ganzen** - ein echter Schritt zur Integration.

Freiheit - Hirnnerven

Die 12 Hirnnerven im Kartenset Mikrokosmos sind symbolisch als Eulen dargestellt. Eulen wohnen in Baumstämmen. Da die Kerne der Hirnnerven größtenteils im Hirnstamm angesiedelt sind, erscheint diese Verbindung sehr stimmig.

Freiheit ist ein Zustand, in dem sehr viel möglich ist. Es ist der Zustand der freien Wahl. In diesem Feld können Entscheidungen getroffen werden. Viele Menschen sehnen sich nach diesem köstlichen Moment der Freiheit. Begleiten doch die ständigen Gedanken: „Wenn das nicht wäre, dann würde ich..." oder „ Wenn ich dieses hätte, dann könnte ich ... meine Wünsche umsetzen" viele Menschen und das oft Generationen lang immer in einem ähnlichen Kontext.
Auf der Rückseite ist die Gans abgebildet. Der Gleichklang mit dem Wort „ganz" trug charmant zur Auswahl dieses Bildes bei. Die Gans erlangt ihre Freiheit durch Ordnung.
In diesem Bild demonstriert sie perfekt, dass man auf mikrokosmischer Ebene die Füße auf dem Boden haben kann, aber gleichzeitig die Wahl hat, zu fliegen oder zu schwimmen oder sich einfach nur zu strecken, um weiter zu watscheln. Im Gegensatz zum Adler im Set Makrokosmos, der die Freiheit seiner Seele anstrebt, geht es hier um eine mikrokosmische oder auch „irdische Freiheit"... den Zustand der freien Entscheidung.

Teilnehmende Hirnnerven

I.	Nervus olfactorius	Riechnerv
II.	Nervus opticus	Sehnerv
III.	Nervus oculomotorius	Augenbewegungsnerv
IV.	Nervus trochlearis	Augenrollnerv
V.	Nervus trigeminus	Drillingsnerv
VI.	Nervus abducens	Augenabziehnerv
VII.	Nervus facialis	Gesichtsnerv
VIII.	Nervus vestibulocochlearis	Hör- und Gleichgewichtsnerv
IX.	Nervus glossopharyngeus	Zungen-Rachen-Nerv
X.	Nervus vagus	Umherschweifender Nerv
XI.	Nervus accessorius	Beinerv
XII.	Nervus hypoglossus	Unterzungennerv

Hirnnerven und Thalamus

Alle Hirnnerven bis auf den Seh- und den Riechnerv passieren eine Hirnstruktur, die sich Thalamus nennt. Da der Thalamus entscheidet, ob eine Information zum Großhirn und damit zum Bewusstsein des Menschen weitergeleitet wird oder nicht, wird er auch „Das Tor zum Bewusstsein" genannt.
Er stellt dadurch eine wesentliche Filterstation der menschlichen Wahrnehmung dar. Ahnenmedizinisch könnte man ihn auch als Torwächter bezeichnen, weil er ständig prüft, ob neu eingehende Wahrnehmungen für bestimmte Bewusstseinsstufen geeignet sind und durch die Weiterleitung eventuell größere Veränderungen des Lebensweges möglich oder nötig werden. Er ist dadurch auch ein Schutz.

Der Sehnerv und der Riechnerv durchlaufen den Thalamus nicht. Sie entstammen auch nicht dem Hirnstamm, sondern sie sind Ausstülpungen des Zwischenhirns und Großhirns ohne weitere Filterstation. Das hat zur Folge, dass alles, was wir riechen oder sehen, direkt auf der Festplatte unseres Bewusstseins landet. Das erklärt z.B. die Faszination von Filmen. Durch die bewegten Bilder ist es zutiefst möglich, sich mit ihnen zu identifizieren und den Film auf einer bestimmten Ebene des Bewusstseins quasi **selbst** zu erleben.

Es erklärt auch die Kraft des Geruchssinns. Wenn man jemanden „nicht riechen" kann, ist eine freiwillige tiefe Beziehung nicht möglich. Der Geruchssinn des Menschen hat sich evolutionär stark zurückgebildet. Die Großhirnrinde mit dem Bewusstsein hat einen viel größeren Stellenwert eingenommen, ist aber immer noch zutiefst mit dem Geruchssinn vernetzt. Die Meinung des Riechnervs hat weiterhin sehr viel Macht.

Unter all diesen Aspekten ist die Auseinandersetzung mit den Hirnnerven für die Freiheit in einem bestimmten Konflikt doch offensichtlich wichtig. Durch die Karten ist es möglich, Hirnnerven auf der Bewusstseinsebene anzusprechen. Jede körperliche Struktur, die persönlich angesprochen wird und dadurch eine Aufmerksamkeit erhält, ist leichter in einen integrativen Prozess zu ziehen, als etwas noch nicht einmal bewusst Wahrgenommenes. Es ist also sehr menschlich und verständlich, das die bewusste Teilnahme am Ganzen zu mehr Lebendigkeit und dadurch auch zu mehr Entscheidungsfreiheit beitragen kann.
Die 12 Hirnnerven bilden somit die Tafelrunde des bewussten und handelnden Verstandes.

Selbstvertrauen - Körperhöhlen

Selbstvertrauen
ist die Basis für einen sicheren Umgang mit sich selbst und der Umwelt. Wir brauchen es, um das eigene Leben zu gestalten und gesteckte Ziele zu erreichen. Wer sich selbst vertraut, ist auf der sicheren Seite. Im Makrokosmos hat hier die (Mutter-)Milch ihren stofflichen und informativen Beitrag.

Wie klingt Selbstvertrauen im Mikrokosmos Mensch?
Im Kartenset Mikrokosmos wird dieser nährende und versorgende Aspekt durch die Körperhöhlen dargestellt.
Die Nasennebenhöhlen bilden den Resonanzraum für die Stimme. Kann man an einer Stimme wahrnehmen, wie viel Selbstvertrauen in ihr klingt? Kann man an der eigenen Stimme hören, wie es um das Selbstvertrauen in einem bestimmten Thema bestellt ist?
Selbstverständlich - alle nehmen es ständig wahr.
Es existieren unendlich viele Methoden, um an dieser Stelle die Wahrnehmung zu kaschieren.
Was passiert im Körper, wenn man etwas sagt, was man auf anderer Ebene gar nicht so meint? Wie kann man erklären, wie es dazu kam? Die Bandbreite reicht hier von Affekt, Spiel, Verliebtheit bis zu größter Angst, Lüge, Profitgier und weiter... Was passiert im Körper, wenn das, was man sagt, innerlich in einem völlig anderen Kontext verstanden wird? Wenn ein „nein" zum „ja" wird und umgekehrt?

Teilnehmende Körperhöhlen

Cavitatis pulmo	Lungenhöhle
Cavum ethmoidale	Siebbeinhöhle
Cavum dextrum cordis	Herzhöhle rechts
Cavum processus mastoidei	Warzenfortsatzhöhle
Cavum tympani	Paukenhöhle
Cordis cavum ad sinistram	Herzhöhle links
Pharynx	Rachenraum
Sinus frontalis	Stirnhöhle
Sinus maxillaris	Kieferhöhle
Sinus sphenoidlis	Keilbeinhöhle
Trachea	Luftröhre
Tuba auditiva	Ohrtrompete

Willkommen in der Welt der scheinbar unsichtbaren Resonanz

Willkommen in der Welt der Ahnen. Die Ahnenwelt ist ein Teil dieses unsichtbaren Resonanzfeldes, welches sich im Falle der Nebenhöhlen feinstofflich im menschlichen Körper platziert hat. Es sind vor allem alte, unverarbeitete Schreck- und Schockmomente aus dem Ahnenfeld, die in Konflikten ihren Ausdruck finden. Diese uralten Verhaltensweisen haben meistens das „bessere Argument“, weil sie unendlich vertraut sind und dadurch eine gewisse Stabilität und Kontrolle vermitteln.
Dieses Selbstvertrauen hat allerdings einen völlig anderen Ausdruck, weil es eigentlich auf Angst basiert.
Wie fühlt es sich an, wenn man (aus welchem Grund auch immer) etwas anderes sagt, als man fühlt? Und wer oder was ist eigentlich diese Instanz, die es anders meint, als die Stimme es sagt?

Es ist die **Instanz des Herzens**, die dort wahrnehmbar wird. Jede Differenz zwischen der Herzensebene und den physisch gesprochenen Worten und Klängen finden wir in den Körperhöhlen des Brustkorbes wieder - den Herzhöhlen und den Lungenhöhlen. Diese Höhlen stehen in enger Verbindung und sind unter anderem zuständig für den Empfang des Lebens-Rhythmus und die Sauerstoffaufnahme ins Blut. Jede Zelle des menschlichen Körpers benötigt eine ausreichende Menge Sauerstoff, um arbeiten/leben zu können. Jede Sauerstoffunterversorgung von lebendigen Zellen resoniert ahnenmedizinisch zutiefst mit alten verstorbenen Aspekten, die in einer Art Schock/Schreck gebunden sind. Diese Blockaden können durch gezielte Wahrnehmung und Resonanz ihre destruktive Wirkung verlieren. Es handelt sich immer um reines Potential, das die Verbindung zum Herzen vermeintlich verloren hat.

Es ist wichtig zu verstehen, dass die Verbindung zum Ahnenfeld nicht irgendwie „gut“ oder „böse“ ist, sondern schlichtweg ein Teil der Herausforderung der eigenen Lebensaufgabe. Und zeugt es nicht von der tiefsten und größten Art Selbstvertrauen, wenn man es wagt, ein Problem zu lösen, auch wenn ein großes Feld hinter einem eher das „Scheitern“ fühlt? Hier geht es um den Mut, den eigenen Gefühlen zu begegnen und ihnen im „Hier & Jetzt“ eine wahrhafte Verbindung zum Herzen zu gewähren, damit man dem Klang des **Selbst** wieder vertrauen kann und diese Ausstrahlung im „Kleinen“ wie „Großen“ wahrgenommen wird. Die Karten leisten ihren Beitrag, diese Gefühle ins Bewusstsein zu bringen, Stagnation zu beenden und sie als Ressourcen wieder nutzen zu können.

Verbundenheit - Hormondrüsen

Teilnehmende Hormondrüsen

Cortex glandulae suprarenalis	Nebennierenrinde - Äußere Schicht - Aldosteron - Mittlere Schicht - Cortison - Innere Schicht - Testosteron
Epiphyse	Zirbeldrüse
Glandulae parathyreoideae	Nebenschilddrüsen
Glandula thyreoidea	Schilddrüse
Gonaden	Keimdrüsen
Hypophyse	Hirnanhangsdrüse
Hypothalamus	Chef der Kommunikationssysteme
Medulla glandulae suprarenalis	Nebennierenmark - Adrenalin
Pankreas	Bauchspeicheldrüse - Insulin
Thymus	Thymusdrüse

Verbundenheit entsteht aus Zugehörigkeit und Vertrauen. Verbunden zu sein ist ein menschliches Grundbedürfnis.

Fehlt es an Zugehörigkeit, kann man zwar vertrauensvolle Beziehungen haben, wird aber fremd bleiben. Fehlt es an Vertrauen, entstehen gefühlsarme Zwangszugehörigkeiten.

Alles, was aus der Verbundenheit herausfällt, erfährt Leiden in irgendeiner Form. Gebrochenes Vertrauen in einer Partnerschaft oder Flucht aus der Heimat sind zwei typische Beispiele.

Man ist im Außen verbunden mit der Umwelt, im Inneren aber auch mit seinem Körper und seiner Seele. Schock und Schreck in jeder Form sind geeignet, Teile von sich selbst aus der Verbundenheit zu reißen. Bestimmte Zellverbände sind dann nicht erreichbar von guten Therapien, bevor das auslösende Ereignis wieder integriert wird.

Es entsteht Bewegungsverlust, entweder zellulär-körperlich, empathisch-seelisch oder beides. Leider hat jeder Bewegungsverlust es so an sich, mit der Zeit größer zu werden, weil die Randbereiche nicht ausreichend versorgt werden können.

Zugehörigkeit & Vertrauen

Verbundenheit - Hormondrüsen

Die Hormondrüsen resonieren sehr stark mit genau diesen Bewegungsverlusten oder besser mit dem ausgelagerten Kern der jeweiligen Stagnation. Die Hormondrüsen werden im Mikrokosmos durch Meerestiere symbolisiert, weil viele Meerestiere, z.B. Wale, kilometerweit wahrnehmen können. Hormondrüsen reagieren vor allem auf die Sprache der Strahlung. Unsere Drüsen wissen, wie viele Handys, W-Lan oder GPS-Geräte in der Umgebung aktiv sind. Die Stationen dieser Sender liegen „sehr weit draußen" - genauso weit draußen, wie die Wahrnehmungsreichweite menschlicher Drüsen.

Die Karten der Verbundenheit repräsentieren im Mikrokosmos den „Blinden Fleck" - „Das Dissoziierte" - den „Ausgelagerten Teil". Die Hormondrüsen gehen mit den weit ausgelagerten Gefühlen in Kontakt. Im Sinne der Zeit heißt weit ausgelagert... schon lange, lange her. Zeit und Raum bilden miteinander das feinstoffliche Gerüst für die „Ausgelagerten Teile". Die Hormondrüsen halten genau diese Verbindung permanent aufrecht. Dadurch haben sie eine lebenswichtige Funktion auf mehreren Ebenen.

Der unverletzte Kern

Die abgespaltenen Teile könnte man auch „unverletzten Kern" nennen oder den unverletzten Teil des inneren Kindes. Sie haben sich ausgelagert, damit dieser Kern auch unversehrt bleibt. Oft sind die Abspaltungen sehr lange her und reichen bis tief in die Ahnenwelt hinein. Bewacht werden sie von den Torwächter-Gefühlen.

Hormone und Gleichzeitigkeit

Viele Hormone werden zu einem Teil für die unverarbeiteten und unbewussten Gefühle der Ahnenwelt ausgeschüttet, müssen aber im „Hier+Jetzt" trotzdem verstoffwechselt werden. Es ist wichtig zu verstehen, dass dieses Phänomen der Gleichzeitigkeit etwas ganz Alltägliches ist. Es zeigt jedoch ziemlich deutlich, wie viel Energie unbewusst verbraucht wird, wenn die weit ausgelagerten Kerne nicht mehr wahrnehmbar sind. Durch die Karten beginnt dieser wichtige Aspekt langsam wieder sichtbar zu werden.

Ahnenfeld männlich - Minerale

Teilnehmende Minerale

Argentum nitricum	Silbernitrat
Aurum muriaticum	Goldsalz
Barium carbonicum	Schwererde
Calcium carbonicum	Austernschalenkalk
Ferrum phosphoricum	Phosphorsaures Eisen
Graphites	Reißblei
Kalium bichromicum	Kaliumdichromat
Magnesium phosphoricum	Magnesiumphosphat
Natrium muriaticum	Kochsalz
Platinum sulfuratum	Platin-Schwefel-Salz
Silicea	Kieselerde
Sulfur	Schwefel

Das männliche Ahnenfeld besteht aus allen Männern des Stammbaums und im größeren Sinn aus den Erfahrungen aller Männer des eigenen Kulturkreises.
Hier im Kartenset geht es natürlich vor allem um das Gefühlsleben des eigenen männlichen Ahnenfeldes. Welche Konflikte und Aufgaben tauchen in jeder Generation wieder aufs Neue auf? Welcher Konflikt kreuzt das Thema des Fragenden?

Psychologisch betrachtet repräsentiert das männliche Ahnenfeld die eigene innere Führungskraft. Diese persönliche Führungskraft ist direkt beeinflusst von den Erfahrungen aus dem männlichen Ahnenfeld und kann in einigen Lebensaufgaben sehr viel Kraft und Stärke verleihen, aber eben auch an unüberwindbare Schwierigkeiten und Erfolglosigkeit erinnern.

Im Makrokosmos geben die Metalle Aufschluss über die Strukturbrüche in der Führungskraft. Die Minerale repräsentieren hier im Mikrokosmos, wie solche Brüche innerlich umgesetzt wurden. Ein Strukturbruch kann in den nächsten Generationen kreativ und energiereich umgesetzt werden oder die eigene Schwäche der inneren Führungskraft in einem bestimmten Bereich noch deutlicher hervorheben. Beide Varianten zeigt das Feld der Minerale gleichzeitig auf.

Ahnenfeld männlich - Minerale

Die Minerale geben Aufschluss über die vielen kleinen, alltäglichen Entscheidungen der inneren Führungskraft und deren gefühlte Folgen. Die Mineralprobleme sind schwieriger zu greifen, weil sie sich subtiler und alltäglicher auswirken als die Metallprobleme.
Im Kartenset Mikrokosmos wird genau ein Mineral in seinem Gefühlszustand zu einer Frage betrachtet. Im menschlichen Körper existiert natürlich ganz stofflich ein riesiger Vorrat an vielen Mineralen - ebenso wie einen Menschen auch viele Themen und Fragen mehrerer Ebenen beschäftigen.
Der Gesamtcocktail wirkt sich natürlich auf das Gefühlsleben eines Menschen aus. Ein Mangel eines einzelnen Minerals kann die Lebensqualität eines Menschen massiv verändern.
Jede Veränderung geht immer auch mit Gefühlen einher.

Die Zeitverschiebung vom Metall zum Mineral

Im Fall eines makrokosmischen Eisenkonflikts im männlichen Ahnenfeld geht es in der Kernproblematik um Schuldgefühle, die so groß sind, dass man der eigenen inneren Führungskraft das Vertrauen entzogen hat. Es ist nicht unwahrscheinlich, dass sich dieser Konflikt noch einige Generationen später ganz stofflich in einem Dilemma als „geschwächtes Eisen", also z.B. Ferrum phosphoricum auf der Mineralebene zeigt.

Gemeinsame Rückseite

Männliche Ahnenfeldkarten haben die gleiche Rückseite wie weibliche Ahnenfeldkarten. Das ist natürlich Absicht. So ist es möglich, zu einer Frage diese beiden Ahnenfelder miteinander zu mischen, um anschließend eine Karte zu ziehen. Es ist interessant, welches Ahnenfeld dann antwortet und wo die Lösung des Konflikts zu suchen ist.

Euphrasia officinalis

Euphrasia, Euphrasia nun sage mir, welche Lehre empfange ich von Dir?

Ich als Euphrasia sage euch: in mir steckt des Lebens tieferer Sinn, weil ich im erlösten Zustand die Fröhlichkeit der stofflichen Ankunft bin.

Trägt der Mensch noch Wunden der Flucht tief in seinem Ahnenfeld,
dann hat es große Wucht, das „zu Hause“ zu sehen in dieser Welt.
Man ist träge und reizbar und hat keine Lust zu sprechen,
und der Rücken tut weh, als würde er brechen.

Man hat Hunger und sehnt sich nach Essen,
aber wie das zu verdauen geht, hat der Körper vergessen.
Die Augen und der Körper schmerzen beim Erwachen,
das Gemüt ist voll Weh und kennt gar kein Lachen.

Am Tag ist man müde und nachts gibt‘s kein Schlafen,
als würde einen irgendwas Größeres bestrafen.
Der Schwindel nimmt einem das Gleichgewicht
und scharfer Tränenfluss ziert das Gesicht.

Die Augen schauen wie durch einen Schleier
und innerlich wartet man schon auf die Geier.
Die Träume sind schrecklich, als wär‘s eine Sucht
und all dies sind Folgen von ältesten Ahnen auf der Flucht.

Die Wunden, die Wunden, wir müssen sie sehen
und tief im Innern unserer Seele verstehen.
Drum‘ lass sie wirken - die Heilung - auf dem Seelen-Wunden-Fleck
und wünsch dir nicht nur die Symptome hinweg.
All dies ist weise und will mit uns sprechen
und wir wollen heilen und mit der Weisheit nicht brechen.
Kontakt ist hier das Zauberwort und du erlangst die Erde als Heimat-Ort.

Ahnenfeld weiblich - Heilkräuter

Teilnehmende Heilkräuter

Achillea millefolium	Schafgarbe
Alchemilla vulgaris	Frauenmantel
Artemisia vulgaris	Beifuß
Echinacea purpurea	Sonnenhut
Euphrasia officinalis	Augentrost
Hypericum perforatum	Echtes Johanniskraut
Matricaria chamomilla	Kamille
Ocimum basilicum	Basilikum
Rosmarinus officinalis	Rosmarin
Symphytum officinale	Beinwell
Urtica dioica	Große Brennessel
Valeriana officinalis	Baldrian

Das weibliche Ahnenfeld besteht aus allen Frauen des Stammbaums und im größeren Sinn aus den Erfahrungen aller Frauen des eigenen Kulturkreises.
Es existiert sogar zellulär in den Mitochondrien der Zellen.
Hier im Kartenset geht es natürlich vor allem um das Gefühlsleben des eigenen weiblichen Ahnenfelds.
Welche Konflikte und Aufgaben tauchen in jeder folgenden Generation wieder aufs Neue auf?
Welcher Konflikt resoniert mit dem Thema des Fragenden?

Psychologisch betrachtet repräsentiert das weibliche Ahnenfeld die eigene innere Versorgungsfähigkeit. Diese persönliche Versorgungsfähigkeit ist direkt beeinflusst von den Erfahrungen aus dem weiblichen Ahnenfeld. Sie kann in einigen Bereichen Fülle und Wohlstand verleihen, aber auch das Selbstvertrauen durch ausweglosen Mangel und Einsamkeit schwächen.

Im Makrokosmos repräsentieren Spinnen die Energien dieses Feldes.
Hier sind es die Heilkräuter. Einige der Kräuter werden gern auch als Küchenkräuter benutzt. Nahrung und Heilung sind immer sehr nah beieinander.

Ahnenfeld weiblich - Heilkräuter

Neben ihren köstlichen Eigenschaften haben diese Kräuter als Tees, Tinkturen, Salben und Räucherwerk altbewährte Heilwirkungen. Ähnlich wie die Minerale im männlichen Ahnenfeld kann man die Kräuter in unterschiedlichen Formen zu sich nehmen und dadurch das Erscheinungsbild des Körpers von innen heraus beeinflussen.
Seit Urzeiten werden von Frauen Kräuter gesammelt, verarbeitet und zur Linderung von Beschwerden eingesetzt. Der Begriff der **Kräuterfrau** ist wohl ebenso alt wie ihr Wirken.
Im Mikrokosmos repräsentieren sie die fortgeleiteten ungelösten Wunden und Symptome der makrokosmischen Spinnenwelt. Ein Vergleich mit einer Spinnenkarte zum gleichen Thema kann über die fühlbare Resonanz tiefen Aufschluss über unverarbeitete Wunden geben, die im weiblichen Gefühlsleben über Generationen weitergereicht wurden.
Grundsätzlich gilt, dass ein tiefes Resonanzgefühl zu einer Ahnenfeldkarte bedeutet, dass sich eine alte Zeit im **Hier-und-Jetzt** ausbreitet und auch genau hier verdaut werden muss. Deswegen ist die Zusammenschau mit den Karten der persönlichen Ebene interessant, um die Entwicklung eines Problems zu verstehen. Schon allein durch dieses Aufspüren quer durch die Zeiten und Lebensfelder entsteht eine neue Beweglichkeit im Konflikt.

Innere Versorgung

Dem grossen Zyklus vertrauen

Etwas nicht loslassen zu können kann sehr anstrengend sein.
Man könnte diesen Zustand vielleicht Stagnation nennen, weil der Fliessrhythmus unterbrochen scheint. Man könnte ihn ebenso Widerstand nennen, weil der Weltenrhythmus unermüdlich weitergeht und sich der Mensch mit etwas bereits Geschehenem nicht im Einklang befindet. Er hält an einem Ereignis fest und versucht es nachträglich mit Gedanken und der Kraft des Widerstandes zu manipulieren.

Energiestau?

Vielleicht ist Ihnen etwas Schwieriges geschehen, wodurch große Wünsche und Vertrauen auf der Strecke geblieben sind. Die Realität hat sich nicht der Wunschvorstellung untergeordnet. In diesem Moment entsteht ein Stau, der sich viele Kilometer auf der Straße des Lebens entlang ziehen kann. Dennoch birgt er ein großes – oft lange Zeit ungenutztes – Energiepotential in sich.

Doch die Bewegung der Welt lässt sich überhaupt nicht beeindrucken, egal, wie der Widerstand gegen das Weltgeschehen zum Ausdruck kommen mag – sei es nun durch Wut, nicht enden wollende Trauer, Sehnsucht, Ohnmacht oder beleidigt sein.
Der gutgemeinte Ratschlag: „Nun lass´ doch mal los!" macht den Zustand oft noch schlimmer. „Ich will ja loslassen, aber es geht einfach nicht!" könnte hier die Antwort sein.

Warum ist Loslassen manchmal so schwer? Es klingt doch so vielversprechend leicht? Solange in dem Versuch des Loslassens eine Spur des „Weg-haben-wollens" enthalten ist, funktioniert es nicht. Geschehenes kann im Grunde nur integriert werden.

Zwei Ebenen gleichzeitig

In diesem Zustand der Stagnation existieren zwei Ebenen gleichzeitig.
Die eine können wir politische Ebene nennen oder die Ebene des Widerstreits, in der die verletzten Gefühle ihren Ausdruck finden. Auf dieser Ebene geht es meist um Recht, Unrecht und Schuld. Im allgemeinen finden die beteiligten Parteien ihre Verbündeten, die sie in ihrer Position unterstützen und bestärken.
Diese Ebene hat mit all ihren Gefühlsaudrücken ihre Berechtigung. Das Problem ist aber der entstehende Stau und das oft über Jahrzehnte, manchmal sogar über Generationen gebundene Energiepotential.
Diese Ebene ist verständlich, aber sie heilt nichts.

Dem grossen Zyklus vertrauen

Der große Zyklus

Heilung wird erst mit Eintritt in die zweite Ebene möglich, die Ebene des großen Zyklus. Der große Zyklus trägt das Geschehene an seinen Platz in der Zeit, wenn der Mensch es zulässt. Dann müssen die anstrengenden Hormon- und Neurotransmitterausschüttungen der alten Zeit nicht immer wieder in der Gegenwart verstoffwechselt werden. Der große Zyklus wertet nicht – er trägt einfach. Die Kräfte sortieren sich auf dieser Ebene für uns wie von selbst.

Menschen vergessen in Schock- und Staumomenten häufig, dass sie einfach Erdenkinder und damit wie Zellen in einem großen Zyklus sind. Zu große Gefühle gehören nicht in einen einzelnen Zellkörper eingesperrt, sie gehören in den Stoffwechselprozess des großen Organismus.

Menschen sind Gefäße für Gefühle

Bei guten Gefühlen wissen wir alle: sie kommen und gehen und sind nicht festzuhalten.
Bei schwierigen Gefühlen verhält es sich ganz genauso, sie kommen, um zu gehen. Genau hierhin gehört der Prozess des Loslassens und das Platznehmen im eigenen Körper als Erdenkind.

Es werden Hände von Mutter Erde da sein, die dich tragen, es werden die Winde von Vater Himmel deinen Geist klären.
Dem großen Zyklus zu vertrauen ist der segensreiche Beginn der Heilung.

Die Wunden, die Wunden, wir müssen sie sehen
und tief im Innern unserer Seele verstehen.
Drum lass sie wirken – die Heilung – auf dem Seelen-Wunden-Fleck
und wünsch dir nicht nur die Symptome hinweg.
All dies ist weise und will mit uns sprechen
und wir wollen heilen und mit der Weisheit nicht brechen.
Kontakt ist hier das Zauberwort
und du erlangst die Erde als Heimat-Ort.

Die Kraft des Vertrauens

Torwächter - Giftpflanzen

Ein Torwächter hat die Aufgabe, neutral zu prüfen, ob jemand geeignet ist, die Welt hinter dem Tor zu betreten. Er hat also Kenntnis von der Beschaffenheit der Welt hinter dem Tor.
Nicht jeder, der um Einlass bittet, ist auch in der Lage, in der Welt hinter dem Tor zu bestehen. Die Sympathien eines Torwächters gelten der Welt hinter seinem Tor, nicht denen, die um Einlass fragen.
Man muss sich also nicht um die Sympathien des Torwächters bemühen, sondern die Eigenschaften der dahinter liegenden Welten verstehen und erfüllen, um durch das Tor zu gelangen.

Der Torwächter ist aber so entgegenkommend, Auskunft zu geben über das, was noch zu überwinden oder zu verstehen ist. Die Torwächterkarten stehen für den ganz alten Kernkonflikt des jeweiligen Themas. Wenn man an irgendeiner Stelle im Leben nicht mehr klar kommt, greift man schnell auf alte bewährte Konzepte und Verhaltensweisen zurück. Das ist dann meistens keine bewusste Entscheidung, sondern das Gehirn katapultiert den Menschen in Bruchteilen von Sekunden in dieses Verhalten. Es läuft als Notprogramm ab.
Die Torwächter erläutern die Kerngefühle dieses Notprogramms, aber im Lösungsweg auch die Idee eines möglichen erlösten Zustands.

Teilnehmende Giftpflanzen

Aconitum napellus	Eisenhut
Atropa belladonna	Tollkirsche
Conium maculatum	Schierling
Datura stramonium	Stechapfel
Delphinium staphisagria	Rittersporn
Digitalis purpurea	Fingerhut
Hyoscyamus niger	Bilsenkraut
Mandragora officinalis	Alraune
Papaver somniferum	Opium
Pteridium aquilinum	Adlerfarn
Pulsatilla vulgaris	Kühchenschelle
Viscum album	Mistel

—Kann ich es unter diesen Bedingungen wagen, zu lieben?—

Im Mikrokosmos werden die Torwächter durch Giftpflanzen repräsentiert. Giftpflanzen begleiten Menschen schon seit Urzeiten. Bis in unsere heutige Zeit hinein dienen sie als wichtige Medikamente in richtig verordneter Dosis. So kann z.B. der Fingerhut - „Digitalis purpurea“ die Herzkraft stärken und gleichzeitig die Herzfrequenz senken. Diese unglaublich nützliche Eigenschaft wird in der Medizin für einige Herzerkrankungen eingesetzt. Eine Überdosis oder falsche Kombination mit anderen Medikamenten kann jedoch leicht zum Tod führen. Absichtlich oder nicht ist auch die Vergiftung durch eine der Torwächterpflanzen mit Sicherheit Teil des Erfahrungsschatzes im alten Ahnenfeld. Der letzte und wahrscheinlich intensivste Kontakt in dem jeweiligen Leben war wohl der mit der Giftpflanze.

Kann so ein Kontakt in späteren Generationen erinnert werden? Ich weiß es nicht, finde diese Frage aber durchaus erwähnenswert.

Alle Gefühle, die in Schreck und Schock gebunden sind und noch nicht verdaut wurden, werden - ahnenmedizinisch - weitergegeben, auch über viele Generationen. Wie die Pilze warten sie geduldig, bis ihre Zeit des „Sichtbar-Werdens“ gekommen ist und bringen ihre Botschaft aus den verborgenen und unsichtbaren Bereichen. Im entscheidenden Moment mischt sich die Torwächterenergie in das persönliche Lebensfeld ein. Das wird natürlich

als unangenehm und bedrohlich erlebt. Giftig und bedrohlich ist allerdings nur noch der Schreck-Schock-Zustand. Dahinter liegen Gefühle und Seelenaspekte, die in der alten Zeit vom Torwächter beschützt wurden. Aspekte dieser Beschützung finden sich in der Karte der Verbundenheit. Schreck oder Empörung über die Kartentexte sollten als freigesetzte Energie willkommen geheißen werden.

Giftige Zustände kommen, um verdaut zu werden und endlich wieder zu gehen. Sie hinterlassen ein Feld von oft lange ungenutztem Potential. Was durch schützende innere Liebe entstanden ist, kann durch sie auch wieder heilen. Aber wer liebt schon freiwillig und authentisch den eigenen **Frosch?!**

Pulsatilla vulgaris

Pulsatilla, Pulsatilla nun sage mir,
welche Lehre empfange ich von Dir?

Ich bin die Pulsatilla – Kühchenschelle – die kleine Puppe.
Doch wer meinen Kontakt benötigt, der zieht grad `ne Fluppe.

Man wünscht sich sehnlich: Trost, Schoß und Harmonie...
Doch das eigene Verhalten produziert Hierarchie.
Dieser Zustand ist wahrlich keine Kleinigkeit,
denn es geht hier um emotionale Abhängigkeit.
Man sehnt sich auch als Erwachsener auf irgendeinen Schoß...
Dadurch geht die perfide Struktur nach hinten los.

Man hat Heimweh
Und fühlt sich allein auf der Welt.
Man besteht aus Tränen und Kopfweh,
da hilft einem kein Geld.

Die emotionale Erpressung ist die Folge dieser Erkrankung...
Man zwingt andere zum Kuscheln und das stets ohne Dankung.
Denn das, was man bekommt, ist niemals genug.
Und man erlebt das Leben als echten Betrug.

Vieles an Anderen findet man schlecht
Und jede, die schwanger ist, ist einem nicht recht.
Und wenn die Kinder aus dem Hause gehen,
dann wird`s noch schlimmer...

Dann kommt man gar nicht mehr raus aus seinem Zimmer.
Als hätte man die Kinder für den eigenen Kummer benutzt,
Nur die eigentliche Wunde hat es leider gar nicht geputzt.

Das Ohr ist leicht entzündet und man bildet embryonales Gewebe,
Als wenn alles zu diesem embryonalem Paradies zurückstrebe.
Gebärmuttervorfall und Endometriose...
All dies ist Folge von des Embryos und der Ahnen „Narkose".

Man kann sich nur wie betäubt erinnern und darum auch nicht gehen.
Und man manipuliert alle – ganz aus Versehen,
dabei möchte man nur sein echtes „zu Hause" verstehen.

Man bekommt Krampfadern und mag gar wenig trinken.
Nur einmal – einmal mag man noch in diese Schwerelosigkeit sinken...

Oh ja – ich bin eine wichtige Begegnung für Mann und Frau.
Dort, wo ich benötigt werde, da schaue genau.
Ich stecke viel in „betäubten Zuständen" drin,
weil ich auch giftig und nicht nur die „kleine Pulsatilla" bin.

Seelenebene - Zeit — Pilze

In der Seelenebene Zeit im Kartenset Mikrokosmos wird der eigentliche Fokus geprüft. Die Prüfung bezieht sich auf die jeweilige Frage, mit der gerade gearbeitet wird. Wir befinden uns hier in der Führungsachse der Seelenebene. Es geht darum, wie es um die Absicht, den Fokus oder die Konzentrationskraft des Fragenden bestellt ist. Nur damit kann der jeweilige Konflikt konkret gelöst werden. Wie bei allen Karten wird auch hier erst der unerlöste Zustand betrachtet.

Teilnehmende Pilze

Agaricus muscarius	Fliegenpilz
Amanita phalloides	Knollenblätterpilz
Aspergillus niger	Schwarzschimmel
Boletus edulis	Steinpilz
Candida albicans	Candida
Cantharellus cibarius	Pfifferling
Hypholoma fasciculare	Schwefelkopf
Lycoperdon perlatum	Bovist
Macrolepiota procera	Parasol
Penicillinum	Penicillin
Phallus impudicus	Stinkmorchel
Pleurotus ostreatus	Austern-Seitling

Pilze leben in einer Zwischenwelt. Sie werden für unser Auge erst sichtbar, wenn Pflanzen oder Menschen gerade beschließen, ihre Lebenssäfte wieder nach innen in die zentrale Achse zu ziehen, um sich auf den Winter oder den Tod vorzubereiten.

Im Zwischenreich der Pilze existiert kein Zeitgefühl. Hier wird die Klarheit des Weges geprüft. Jeder hat auf seinem Seelenweg zu bestimmten Themen diverse Aufgaben zu lösen. Bei den Pilzen geht es jeweils um etwa drei miteinander verbundene Gefühle, an die sich die Herzensenergie aufgrund eines unverarbeiteten Verlustes gebunden hat. Diese Verbindung ist häufig wirklich uralt, so dass kein wirkliches Ereignis mehr erinnert werden kann. Es sind vielmehr die Mächte der Vertrautheit und der Wiederholung, die hier ihre Wirkung entfalten.

Seelenebene - Zeit

Diese Kerngefühle stellen die größte Hürde für die Lösung der Aufgabe dar. Schafft der Mensch es, seine Konzentration auf die Lösung der eigentlichen Aufgabe beizubehalten oder lässt er sich ablenken von der Macht der Gewohnheit.

Pilze haben in der Homöopathie alle einen Bezug zum Nervensystem. Das Herz ist durch Sympathikus und Parasympathikus in die Reizleitung des menschlichen Nervensystems eingebunden. Es verfügt aber auch über ein eigenes autonomes Reizleitungssystem, welches sich mit dem anderen Teil des Nervensystems arrangieren muss. Das Ergebnis dieses Abgleichs wird dann in Handlungen umgesetzt.

Wenn das Herz in einem alten Konflikt festhängt, ist es völlig egal, wie viel Zeit ins Land gegangen ist... wie viele Generationen der Konflikt schon durchwandert hat.

Menschen meinen häufig, dass die Zeit alle Wunden heilt oder Gras darüber wächst. Das ist schon möglich, wird aber nur durch entsprechende Entscheidungen des Nervensystems und des Herzens erreicht werden. Jede Grenze wird ständig neu geprüft und entschieden.

Das Zwischenreich der Pilze schaltet das Zeitgefühl einfach ab. Das ist von großem Nutzen, weil man sofort zum Kern der Herzensaufgabe vordringen kann.

Pilze sind geduldig, ihnen ist die Zeit egal. Sie warten auf ihren Moment. Eigentlich warten sie auch gar nicht, sie haben die Linearität in ihrer Wahrnehmung aufgehoben. Sie ruhen im unsichtbaren Untergrund - im Bauch des Themas.

Hier werden Myzelfäden gesponnen, Mineralien und Giftstoffe aufgenommen und abgegeben. Die Pilze nehmen die unsichtbare, aber durchaus stoffliche Essenz des Mineralienhaushalts (des männlichen Ahnenfeldes) wahr.

Die Führungsachse beginnt mit den Pilzen als Fokus der Seelenebene, die Mineralien geben Aufschluss über die stoffliche Umsetzung der Aufgabe über Generationen, die Hirnnerven repräsentieren die eigentlich mögliche Freiheit in der Umsetzung der Aufgabe.

Das menschliche Nervensystem benötigt nur Bruchteile von Sekunden, um an den Kernkonflikt des Herzens (bezogen auf die Frage) erinnert zu werden und auf vertraute Reaktionen zurückzugreifen.

Die Pilze aufrichtig zu befragen, ermöglicht Einblick in wesentliche untergründige Gefühlsbindungen des Herzens.

Seelenebene - Raum — Bäume

Die Seelenebene Raum zeigt im Kartenset Mikrokosmos den Raum - das Gefäß - die Gebärmutter zur jeweiligen Frage.
Alle Gefühlszustände, die auf der gezogenen Karte zu finden sind, bilden eine Art „seelischen Handwerkskasten", aus denen der Fragende den Raum für die zu bewältigende Aufgabe baut. Da es sich hier (wie bei den anderen Karten auch) um „schwierige Gefühle" handelt, gilt es also zunächst einmal, diese Gefühle in Bewegung und Lösung zu bringen, falls hier eine starke Resonanz besteht. Dazu muss man nichts Besonderes tun. Das Lesen und Wahrnehmen der Texte und der Position der Karte setzen diese Bewegung in Gang.

Die Seelenebene Raum befindet sich außerhalb des persönlichen Individuums. Die Wahl der anstehenden Aufgabe ist auch sehr weit draußen von einer anderen Instanz des persönlichen Seins getroffen worden. Die Resonanzen der Seelenebene Raum sind hier im Mikrokosmos dem Fragenden stofflich viel näher als im Kartenset Makrokosmos.

Im Kartenset Makrokosmos sind es die Planeten, die die kosmische Gebärmutter mit ihren Planeten-Energien und -Aufgaben unterweisen. Hier im Mikrokosmos wird diese Instanz durch Bäume repräsentiert.

Teilnehmende Bäume

Apfelbaum	Malus communis
Birke	Betula alba
Buche	Fagus sylvatica
Eiche	Quercus robur
Esche	Fraxinus excelsior
Holunder	Sambucus nigra
Lebensbaum	Thuja occidentalis
Linde	Tilia platyphyllos
Platane	Platanus hispanica
Wacholder	Juniperus communis
Weide	Salix babylonica
Zeder	Cedrus deodara

Seelenebene - Raum

Bäume bieten vielen Lebewesen einen Lebensraum, Schutz und Nahrungsangebot. Sie sichern durch ihren Photosynthese-Stoffwechsel große Teile der Sauerstoffversorgung der Erde und machen irdisches Leben an Land überhaupt erst möglich. Gerade diese Fähigkeit - atmenden Raum zu erschaffen - prädestiniert sie für die Position der Seelenebene Raum im Kartenset Mikrokosmos.

Viele Bäume können 500 bis 1000 Jahre alt werden.
Sie sammeln dadurch persönlich sehr viel mehr Lebenszeiterfahrung als Menschen und viele andere Lebewesen und geben diese Erfahrungen selbstverständlich an ihre Nachkommen weiter. Als Menschen atmen wir Teile dieser Informationen dann wieder ein. Sauerstoff ist für jede unserer Zellen lebensnotwendig. Im Austausch dafür verstoffwechseln die Bäume auch unsere Feldenergie und ich denke, es ist sehr offensichtlich, dass sie auch Verletzungen unserer Energiesysteme sichtbar machen. Wir können uns dem Feld, aus dem wir geboren sind, nicht entziehen und ebenso wenig allen anderen teilnehmenden Kräften, Wesen und Substanzen.
Um so wichtiger ist es, ihnen allen mal in die Augen und natürlich in die Seele zu schauen und Bezüge zum eigenen Leben, Lieben und Handeln herzustellen.

Bäume sind mit vielen Pilzarten eine perfekte Symbiose z.B. im Austausch von Mineralien eingegangen.
Für die Themen im Kartenset Mikrokosmos heißt es, dass die Führungskraft und die Versorgungskraft auf der Seelenebene gut miteinander kommunizieren. Durch diese Eigenschaft kann sich ein Wesen perfekt versorgt und genährt entwickeln.
Wir teilen auf dieser Welt jedoch ständig und alles mit allen anderen... an guten wie an schlechten Tagen. Die Bäume sind ein perfekter Ausdruck dafür.
Ob wir an dem Baum rütteln oder nicht: Wenn er uns auffordert... wird er den Lebensweg zweifellos weise beeinflussen.

Rüttel mich... und schüttel dich...

Seelenebene - Wesen — Märchen

Die Märchen stellen den Fragenden vor konkrete Entscheidungen in seinem Handeln. Im Vergleich zu den mythologischen Wesen, die sich im Kartenset Makrokosmos auf dieser Platzierung befinden und einen schicksalshaften Archetypus der Seelenaufgabe darstellen, fordern die Märchen zu einer Wahl heraus.
Ist man beispielsweise bereit, die Brote aus dem Ofen zu holen und die Betten zu schütteln oder wartet man gelangweilt und verbittert auf seinen Lohn, weil man tief verborgen im Ahnenfeld schon oft die Erfahrung gemacht, dass es unglücklich ausgeht?

Eventuell wird bei mancher Textzeile Verwunderung entstehen, warum sie in Verbindung mit dem Märchen zu lesen ist. Die dysbalancierten Zustände, also alle schwierigen Gefühle der Märchenkarten, beziehen sich nämlich nicht nur ausschließlich auf den Helden des Märchens.
Dieser Prozess der Verwunderung ist bereits ein hervorragender Beginn der zu verarbeitenden Resonanz zu der Karte - auf erstaunlich leichte und zarte Weise. Die Verdauung unangenehmer Gefühle hat dadurch bereits begonnen. Die versteckte Stagnation beginnt langsam wieder zyklisch zu atmen und kann als Lebenspotential genutzt werden. Jedes einzelne Märchen ist gefüllt mit der Symbolkraft aller teilnehmenden Aspekte - egal, ob es sich um Personen, Tiere oder materielle Dinge, wie z.B. einen Brunnen,

Teilnehmende Märchen

Aschenputtel - Brüder Grimm
Das häßliche Entlein - Hans Christian Andersen
Dornröschen - Brüder Grimm
Frau Holle - Brüder Grimm
Froschkönig - Brüder Grimm
Hänsel und Gretel - Brüder Grimm
Jorinde und Joringel - Brüder Grimm
Rotkäppchen - Brüder Grimm
Rumpelstilzchen - Brüder Grimm
Schneewittchen - Brüder Grimm
Sterntaler - Brüder Grimm
Der Wolf und die sieben jungen Geisslein - Brüder Grimm

die Spindel oder eine goldene Kugel handelt. Sie alle bilden das Feld, in dem wiederum alle einzelnen Lebensfelder auch unter Berücksichtigung der Zeit und der Seelenebene enthalten sind.

Da durch das Märchen bereits festgelegt ist, welche Aspekte teilnehmen, geht es im folgenden Schritt nicht nur um die Hauptidentifikation, die in einem Konflikt möglicherweise nur aus weit entfernter Hoffnung und Sehnsucht besteht, sondern um den Bezug der fragenden Person zu jedem einzelnen teilnehmenden Aspekt. In meiner Vorgehensweise lautet die Frage also nicht: „Mit wem identifizierst du dich?", sondern wie fühlt sich die jeweilige Beziehung zu jedem einzelnen Aspekt (im Rahmen der gestellten Frage) an?

Die Gefühle, die auf der Karte zu finden sind, bilden natürlich lediglich eine Auswahl aus dem jeweiligen Märchen. Wer tief berührt von einer der Märchenkarten ist, kann diese als Ganzes einfach wirken lassen. Im Schlaf entscheiden sich die Energiekörper im Austausch mit den Körperzellen welche Prozesse angestoßen und schon produktiv umgesetzt werden können. Eventuell geben darauffolgende Träume hierrüber etwas Information. Wer irritiert ist von der Karte, lässt sie entweder ebenfalls als Ganzes wirken oder geht wie oben bereits erwähnt in einen Kontakt mit jedem einzelnen Aspekt des Märchensund notiert sich das jeweilige Kerngefühl. Bei tieferen Fragen kann das etwas mehr Arbeit machen und recht anstrengend sein. Anschließend existiert aber ein Feld unterschiedlichster Gefühle, die dadurch sichtbar werden und nicht mehr symbolhaft in Körper oder Seele des Fragenden verborgen sind und unbewusst agieren. Alle diese Gefühle gehören zu diesem Thema. Wenn keines davon mehr isoliert, abgelehnt und ausgeschlossen wird... können alle miteinander als feine Gewürze zu einer neuen Handlungsfähigkeit führen. Durch das Aufspüren, Aussprechen oder Niederschreiben werden sie sichtbar und verlieren ihre unkontrollierte und unsichtbare Macht.

Die Rückseite der Seelenebene Wesen zeigt einen Raben mit drei Schlüsseln im Schnabel. Der Rabe gehört im Kartenset Makrokosmos zur Position der Freiheit. Bei ihm geht es um die ICH-Findung und das Beenden der Polarität von Körperlichkeit und Spiritualität. Der makrokosmisch „ICH-gewordene-Rabe" hält dem Eichhörnchen - also dem mikrokosmischen Selbstbewusstsein - die Schlüssel zu einem neu gewählten Lebensweg bereit. Jetzt muss man, wie immer - nur noch entscheiden ;-)

Aus dem Seelenleben eines Rumpelstilzchens

Rumpelstilzchen hat feine Wahrnehmungen. Er fühlt die Not der Müllerstochter...
Wie anders soll er diese Not fühlen können und herbeieilen, als selbst ähnliche Erfahrungen zu kennen?

Der Vater der Müllerstochter gerät in Schwierigkeiten und erzählt eine Lüge zu seinen Gunsten, auf Kosten seiner Tochter.
Der Vater begeht also einen Vertrauensbruch seiner führenden/versorgenden Rolle.
Der Vater hat sich entschieden, aber dieser Teil lebt auch als Erfahrung der eigenen inneren Führungskraft in der Müllerstochter weiter. Sie wird entscheiden müssen, was sie aus diesem Erbe macht,
eingesperrt in der Kammer des Königs. Diese Kammer symbolisiert perfekt den Raum des inneren Kindes:
hilflos, betrogen, der Willkür einer Lüge ausgesetzt, aber mit ihrer Liebe zum Vater und zum eigenen Leben.
Hier begegnet ihr nun Rumpelstilzchen - der zweite Aspekt ihres inneren Kindes.
Von hier an teilen sie sich die Aufgabe. Er hilft ihr mit seinen magischen Kräften und sie bezahlt ihn...
Der Betrug des Vaters und die Habgier des Königs durchlaufen alle drei Ebenen. So kommt es zu dem Punkt, das sie ihm in ihrer Not einen Preis aus der Zukunft zusagt, den sie bis zu diesem Zeitpunkt gar nicht fühlen kann - ihr Kind. Sie ist einfach nur in Not und spaltet es ab.
Rumpelstilzchen hilft erneut und sie darf leben, den Prinzen heiraten und ihr Glück genießen.
In dem Moment, der sie selbst zur Mutter werden lässt, wird an ihrer eigenen inneren Führungskraft gerüttelt.
Sie wird erinnert an ein Versprechen auf höchstem Niveau... verkaufte sie doch ihr Kind in ihrer Not - ebenso wie es ihr Vater tat.
Ihre Ehrlichkeit und Wahrhaftigkeit steht auf dem Prüfstand. Wenn sie ihn erkennt - also beim echten Namen nennt - kann das Kind bei ihr weiter leben, ansonsten wird es Rumpelstilzchen übergeben, der sich sehnlichst etwas Lebendiges wünscht.

Sie findet ihn, sie nennt ihn beim Namen und Rumpelstilzchen als abgespaltener Teil ihres inneren Kindes macht die Wut, die Ohnmacht und die Zerstörung sichtbar und fühlbar, die sie damals abspaltete, als ihr Vater sie dem König übergab.
Sie kann ihre eigene Wut und Verzweiflung nun sehen und benennen.
Den Namen/Kontakt ihres eigenen inneren Kindes zu finden, welches alle Scham und Zerstörung in sich aufgenommen und getragen hat, lässt ihr Kind leben, bei einer wahrhaften Mutter mit ehrlicher Führungskraft.

Sie hat dadurch auch Rumpelstilzchens Leistung zutiefst geehrt. So konnte seine Seelenkraft hinüber zu ihrem Kind ins Leben gehen.

Die Ebenen

Persönliche Ebene

Ahnen-Ebene

Seelen-Ebene

Die Ebenen beschreiben drei Schichten, durch die wir die Welt wahrnehmen.

Persönliche Ebene

Die persönliche Ebene stellt das eigene sich gegenwärtig gestaltende Leben dar. Man könnte diese Ebene auch als die „Physische Ebene“ bezeichnen, weil alles einen direkten Bezug zu Körperstrukturen hat. Die persönliche Ebene wird gespeist durch die Versorgungsfähigkeit des Selbstvertrauens und die Ausrichtung ihrer Freiheit. Die Position der Verbundenheit muss beide Positionen miteinander vereinen, um eine Handlung des ICH zu bewirken. Da diese Ebene nicht aus dem NICHTS heraus agiert, ist es wichtig, die Ahnenfelder zu betrachten. Aus deren Erfahrungsessenz wird die persönliche Ebene stark beeinflusst. Außerdem natürlich den alles umgebenden Seelenraum, der die andere Instanz, die der eigenen Seelenentwicklung für jede Handlung mit ins Spiel bringt.

Ahnen-Ebene

Die Ahnen-Ebene entsteht in jedem Menschen aus der Verbindung von Mutterlinie und Vaterlinie. Beide bringen ihre Ahnen und deren Erfahrungen mit. Zusätzlich gibt es das „Alte Ahnenfeld“. Hier geht es nicht mehr um männlich oder weiblich, sondern um sehr alte Bezüge menschlichen Seins. Alle Erfahrungen der Menschheit sind darin aufbewahrt. Es repräsentiert die Torwächterenergie, die älteste und durch die lange Zeitspanne auch bewährteste Kompensation, auf die in der Not zurückgegriffen wird. Man könnte die Ahnen-Ebene auch emotionale Ebene nennen, weil die Abwägung der Emotionen in diesen Bereichen auf Hochtouren läuft. Wenn man es schafft, die Energie dieser Felder frei und ohne „emotionalen Widerstand“ zu nutzen, steht der persönlichen Ebene viel Energie und Handlungsfreiheit zur Verfügung.

Seelen-Ebene

Die Seelenebene beflügelt das Thema des Fragestellenden auf unkörperliche und unemotionale Weise. Man könnte diese Ebene auch geistige Ebene nennen. Die Energien von Raum und Zeit liefern hier die beiden Hauptaspekte. Auf der Position der Seelenebene-Wesen müssen beide Faktoren zusammengeführt werden, um einen Handlungswillen für einen bestimmten Weg sichtbar zu machen. Diese Position stellt vielleicht auch ein Dilemma dar, welches durch die beiden beeinflussenden Faktoren entstanden ist. Die Position ist eng verbunden mit der Verbundenheit auf der persönlichen Ebene. Wenn die Emotionen der Ahnenebene verdaut wurden, können Wesen und Verbundenheit direkt kommunizieren und handeln.

Die Achsen

F **Führung**
- Innere Führungskraft
- Fokus
- Richtung

E **Entfaltung**
- Selbst
- Kreativität
- Charakter

V **Versorgung**
- Innere Versorgung
- Nahrung
- Raum

Die Achsen beschreiben drei Zustände, die jeder Schöpfung zugrunde liegen

Der Mensch wächst von Anfang an in diesen drei Lebensachsen, die einander bedingen. Die Namen der Achsen entstammen dem Prinzip des ursprünglich wachsenden Embryos. Es bilden sich in den ersten Tagen zunächst zwei Keimscheiben. Die eine Keimscheibe nennt man Endoderm und wird den späteren Verdauungsschlauch bilden. Wir finden sie symbolisch wieder in der **Versorgungsachse**. Die andere Keimscheibe nennt man Ektoderm, sie wird das Nervensystem bilden. Wir finden sie symbolisch wieder in der **Führungsachse**. Zwischen diesen beiden Keimscheiben beginnt dann eine Annäherung und tiefe Verdichtung. Aus diesem Kontakt entsteht die dritte Keimscheibe - das Mesoderm, es bildet Muskeln und Herz. Wir finden sie symbolisch wieder in der **Achse der Entfaltung**.

Die Achse der Versorgung

Wie kann das Leben aufgenommen und verdaut werden? Welche Nährstoffe stehen bereit und was davon kann der eigene Organismus aufnehmen und verarbeiten? Diese Fragen gelten auch im übertragenen Sinn, denn jede Form von Stress hat eine stoffliche Entsprechung und muss irgendwo im Körper Platz nehmen, wenn sie nicht gleich verdaut/verstoffwechselt werden kann. Im Kartenset geht es hier auch um die materielle Versorgung. Ist diese ausreichend vorhanden? Wie nährend ist die entsprechende Seelenebene?

Die Achse der Führung

Wie gut kann die Aufgabe fokussiert werden? Hier geht es um die Absicht und Entschlossenheit im jeweiligen Thema. Wie konkret ist die eigene Person und das Nervensystem zum Handeln fähig? Natürlich benötigt man für jede Entscheidung auch materielle Versorgung und ist dadurch abhängig. Aber eine starke Absicht kann durch ihren entschlossenen Willen eventuell überhaupt erst die Versorgungskraft aus der Reserve locken. Führung und Versorgung brauchen einander.
In dem Moment, wo diese beiden Wesensaspekte das verstehen und sich aufeinander zubewegen - entsteht dadurch die Entfaltung der Kreativität des Lebens und baut aus den vorhandenen Energien etwas Neues. Das Leben entfaltet sich durch diesen Kontakt.

Die Achse der Entfaltung

Hier entsteht das gefühlte Individuum - das ICH - das Selbst. Man beginnt zu träumen, was wäre, wenn... Willkommen im Märchen. Hier werden die wichtigen Entscheidungen über das Wesen und das Wesentliche getroffen. Mit dieser Entscheidung geht der Weg den über Torwächter zu neuer Verbundenheit. Wem oder was ist man in diesem Konflikt verbunden?
Man findet es durch die Resonanz in den Lebensfeldern und macht es dadurch wieder beweglich.

Umgang mit den Karten

Nervus vagus
Umherschweifender Nerv

- Kann das Leben nicht verdauen
- Angst vor Lebendigkeit und Freiheit
- Die Brocken erscheinen zu groß und zu ungerecht
- Das Herz ist empört von der Nahrung
- Schweift durch viele Zeiten... immer wieder
- Dogmen prallen auf Unverständnis - keine Resorption
- Schwallartige Empfindungen
- Gefangen zwischen Schwäche und Absolutismus

Lösungsweg:
Verdauung beginnt mit der Entscheidung des Herzens...
Sie endet erst mit dem Verständnis für Wahrhaftigkeit.
Wage dich - deine Themen der Nacht zu präsentieren.
Sie ist die Wächterin der Seelennahrung.

Die Aussagen der Karten geben verschiedene unerlöste Zustände des jeweiligen Objekts wieder. Jede Karte bietet außerdem einen passenden Lösungsweg an.

Konflikte formulieren

Man stellt zunächst eine Frage.
Da es hier in den Karten um schwierige Resonanzen geht, ist es unpraktisch, einfach nur „Ja-Nein-Fragen" zu stellen oder eine zu offene Formulierung, z.B. „Wie kann ich etwas erreichen?".
Die besten Antworten bekommt man auf folgende Arten von Fragen:

„Was hindert mich daran,...?"
„Was hindert mich daran, zufrieden zu sein?"
„Was hindert mich daran, gesund zu sein?"
„Was hindert mich daran, einen Partner zu finden?"
„Was hindert mich daran, erfolgreich zu sein?"
„Ich will diesen neuen Weg einschlagen - was muss ich dabei beachten und welches Potential steckt drin?"
„Welches Thema begegnet mir im Kontakt mit folgender Person...oder folgendem Projekt...etc.?"
„Was soll ich aus diesem Erlebnis lernen?"
„Was soll ich aus meinem Erbe lernen?"

Es sind nur Beispiele... seien Sie kreativ mit Ihrem Thema.

Mischen und Ziehen

Nach gestellter Frage wählt man intuitiv ein Lebensfeld, mischt diesen Stapel und zieht eine Karte. Man liest diese durch und lässt sie anschließend offen liegen und einfach wirken. Hier an dieser Stelle eine vertraute Person zur Seite zur haben, um über den Inhalt zu reden - ist sehr empfehlenswert, aber nicht zwingend notwendig. Manche Frage stellt man sich auch gerne nur selbst. Dann ist die nächste Position dran, wieder wählt man ein Lebensfeld, mischt und zieht. Es ist die eigene Entscheidung, ob man alle 9 Positionen oder nur ausgewählte anschaut.

Seelenbilder

Die Seelenhomöopathie arbeitet mit Seelenbildern. Ein Seelenbild erreicht eine Resonanzschwingung, die dem eigenen Empfinden ähnlich ist oder den Empfindungszuständen des Ahnenfelds entspricht. Die Aussagen der Karten sind also nicht als konkrete Ereignisse zu betrachten, sondern es entsteht Berührung durch Ähnlichkeit und Resonanz.

Suchen nach der größten Resonanz

Wenn man mehrere Karten oder auch alle neun zu einem Thema bereits angeschaut hat, beginnt die Suche nach der größten Resonanz. Welche Ebene oder Position berührt den Konflikt am deutlichsten? Das gibt Auskunft darüber, wo der Konflikt geankert ist. Es nicht wichtig, dass sich alle Karten gleich passend anfühlen, sondern dass der Kern der Stagnation im Konflikt berührt wird. Das ist der Ort der stärksten Resonanz. Um das Feld zu konkretisieren, kann man sich z.B. die jeweils wichtigste Zeile herausschreiben. So erhält man einen guten Überblick und holt die stärkste Gefühlsessenz aus dem Feld heraus. Manchmal ist aber einfach jede Zeile wichtig.

Karten offen liegen lassen

Nach der Kartenziehung kann man die Karten auch ruhig einige Zeit offen liegen lassen... und vielleicht immer mal vorbeischauen, ob man durch die jüngsten Ereignisse vielleicht schon etwas mehr verstehen kann. Gerade über Nacht verarbeiten sich diese subtilen Kontakte im eigenen System und das eigene Selbst zieht ein neues Fazit zur gestellten Frage.

Die Karten als positive Ressourcen nutzen

Auch wenn es sich hier um viele, viele schwierige Gefühlszustände handelt, wohnt dem Wesen jeder einzelnen Karte natürlich auch der erlöste Zustand als Ressource inne. Dadurch, dass man die Auseinandersetzung damit beginnt, kommt man dieser unterstützenden Kraft immer näher. Man kann die Karten auch als Wegbegleiter eines Projekts oder eines Tages ziehen, entweder aus einem gewählten Lebensfeld oder aus dem völlig durchmischten Set.

Legeanleitungen

Es gibt neun Lebensfelder mit je zwölf Karten, die zum Entdecken jeweils erst mal einzeln genutzt werden können.

Man wählt eine persönliche Frage aus, entscheidet sich intuitiv für ein Lebensfeld und zieht daraus eine Karte.
Das ist einfach, vertraut und funktioniert.

Um in den Kern der Ahnenmedizin vorzudringen, ist es wichtig, ein Spannungsfeld durch die verschiedenen Ebenen und Achsen aufzubauen. Zum Kennenlernen ist es möglich z. B. nur eine einzelne Achse zu legen oder sich nur eine Ebene anzuschauen.

Das Ziel ist, mit neun Karten aus allen drei Ebenen ein Gesamtbild des Themas zu erstellen, um so durch die sichtbar werdende Gleichzeitigkeit und Vielschichtigkeit ein tiefes Verständnis für das Ausgangsthema zu bekommen.

Andere beliebte und erprobte Legevarianten sind im Folgenden jeweils kurz erläutert.
Ansonsten darf man natürlich kreativ sein und eigene Varianten entwickeln.
Ich wünsche damit viel Spaß und Erfolg!

Selbstvertrauen und Torwächter

1. Selbstvertrauen
Wo ist in der gestellten Frage das Selbstvertrauen geschwächt?

2. Torwächter
Was ist die Ursache für das geschwächte Selbstvertrauen?

Es werden je eine Karte aus den Bereichen Selbstvertrauen und Torwächter gezogen.
So bekommt man eine schnelle Antwort.

Freiheit und Seelenauftrag

1. Freiheit

Wo ist in der gestellten Frage die Freiheit eingeschränkt?

2. Seelenebene-Wesen

Was ist die Ursache für die eingeschränkte Freiheit?

Es werden je eine Karte aus den Bereichen Freiheit und Seelenebene-Wesen gezogen.
So bekommt man eine schnelle Antwort.

Die bewährten Fünf
Rund um das Selbstvertrauen

Wodurch wird mein Selbstvertrauen beeinflusst?

1. Eine Karte zum Thema Freiheit

2.+3. Zwei Karten aus den vorher durchmischten Ahnenfeldern (hier wird es spannend, wenn z.B. zwei Minerale gezogen werden und die Versorgung völlig fehlt, oder umgekehrt)

4. Eine Karte zum Torwächter - der Knackpunkt
5. Eine Karte zum Selbstvertrauen

Triangel der Seelenebene

1.

Klärt die Beziehung zwischen Fragendem und zwei Personen oder Sachverhalten.
Es wird jeweils eine Karte aus den drei Lebensfeldern der Seelenebene gezogen.
Man legt die Karten noch verdeckt hin und ordnet sie den teilnehmenden Personen/Sachverhalten zu.
Nun kann man sie (nacheinander) anschauen und das Thema bearbeiten.

2.

Anschließend zieht man eine Karte aus der Kategorie Verbundenheit.
Diese Inhalte gilt es dann - zu integrieren.

Die Grosse Variante
Die Neun - komplett

Das Finale

Alle Gruppen werden sortiert und jeweils einzeln gemischt.
Anschließend wird aus jedem Stapel eine Karte gezogen.
Die Karten werden noch verdeckt in ihre korrekte Position der Ebenen und Achsen gelegt, wie oben in der Ansicht.
Die männlichen und weiblichen Ahnenfeldkarten haben die gleiche Rückseite, das bietet die Möglichkeit, sie auch miteinander zu durchmischen. Für den Anfang ist es einfacher, sie zu trennen.
Nun können die Karten nacheinander angeschaut und bezüglich des Themas bearbeitet werden. Da die Verbundenheit den Teil repräsentiert, der abgekapselt und unbewusst ist, bietet es sich an, diese Achse zum Schluss anzuschauen.

Drei-Tages-Variante

Da jede einzelne Karte sehr viel Aussagekraft enthält und es entsprechend lange dauert, sich damit ausführlich zu beschäftigen, ist die Drei-Tage-Variante eine gute Möglichkeit, allen neun Positionen Raum zu geben und eine Große Legung angemessen in den Alltag zu integrieren.

Die Ebenen

1. Tag = Persönliche Ebene
2. Tag = Ahnen-Ebene
3. Tag = Seelen-Ebene

Die Reihenfolge kann beliebig und intuitiv geändert werden. Man kann entweder Ebenen oder Achsen anschauen.

Die Ebenen und die Achsen sind auf den Seiten 36 - 39 ausführlich beschrieben.

Die Achsen

1. Tag = Achse der Entfaltung
2. Tag = Achse der Führungskraft
3. Tag = Achse der Versorgung

Für die Profis
Alle Neune im Spiel mit der Zeit

Diese Variante ist erst geeignet, wenn man sich mit dem Set schon ein wenig vertraut gemacht hat.
Die Bedeutung der Positionen sollte geläufig sein, damit man die Verdrehungen der Zeit darin entdecken kann:
Man mischt alle Karten des **gesamten** Sets kreuz und quer durcheinander und zieht mit verdeckten Augen neun Karten.
Man legt diese Karten mit weiterhin verdeckten Augen in die vorgesehenen neun Positionen.

1. Erläuterung der Karten nach ihren ursprünglichen Positionen.
2. Erläuterung der Karten in Bezug zu ihrer jetzt gelegten Position.
3. Vergleich der Positionen - Beschäftigung mit den Verhältnissen.

Allein die Deutung der Rückseiten ist hier schon sehr interessant, wenn z.B. die persönliche Ebene nur aus Ahnenfeldkarten besteht.

Autorin, Künstler und Quellen

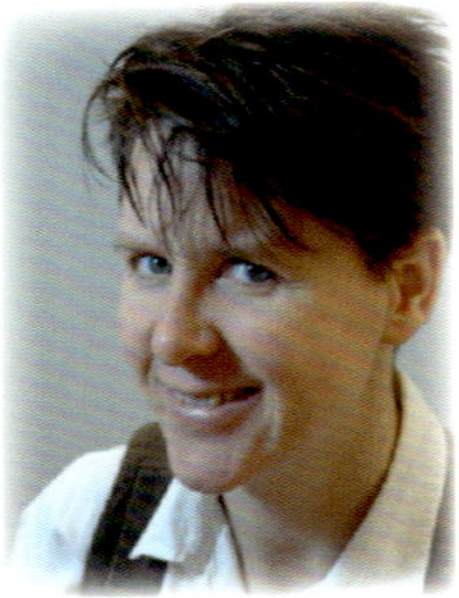

Die Autorin

Kim Fohlenstein - Heilpraktikerin
ist geboren und aufgewachsen in Berlin.

Schulleitung und Lehrerin der heil+kunst Heilpraktikerschule Darmstadt. In ihrer 16-jährigen Praxis- und Lehrerfahrung ist sie unermüdlich dem Phänomen der Zeit - als Schlüssel für eine ganzheitliche Medizin - auf der Spur geblieben. Der ahnenmedizinische Kontext ist für sie beruflich wie privat der Lehrpfad ihrer Wahl.

Weiterbildung zur Ahnenmedizin bei heil+kunst:

- Die Arbeit mit dem Kartenset - Seminare - Fortbildungen
- Ahnenmedizinische Homöopathie-Ausbildung
- Ahnenmedizin und Organ-e-motion - Ausbildung
- Aufstellungen der neuen Lebensfelder des Mikro- und Makrokosmos
- Ahnenmedizinische Einzelsitzungen

Idee und Gestaltung
Kim Fohlenstein

Text der Karten
Kim Fohlenstein

Text - Begleitheft
Kim Fohlenstein
Felicitas Quelle

Spezielle Quellen:
- Homöopathie-Vorträge der heil+kunst Heilpraktikerschule Darmstadt 2005-2017
- Homöopathie-Aufstellungen der heil+kunst Heilpraktikerschule Darmstadt 2005-2017
- Ahnenmedizinische-Aufstellungen der heil+kunst Heilpraktikerschule Darmstadt 2005-17
- Organ-e-motion - Ausbildung der heil+kunst Heilpraktikerschule Darmstadt 2005-2017
- Seminare zur Ahnenmedizin der heil+kunst Heilpraktikerschule Darmstadt 2010-2017
- Vorträge zur Ahnenmedizin der heil+kunst Heilpraktikerschule Darmstadt 2010-2017

Textquellen:
- Zitat aus dem Vorwort der Wölfe von S.5 von Johann Wolfgang von Goethe aus Faust 2. Teil S.364, Faust kommentiert von Erich Trunz vom C-H. Beck Verlag München 1986
- Skript der Homöopathie-Ausbildung der heil+kunst Heilpraktikerschule Darmstadt
- Symbolische Materia medica, Martin Bomhardt, Verlag Homöopathie+Symbol 1999
- Herbaricum Magicum, Nancy Arrowsmith, Allegria 2007 (Ullstein Verlage GmbH)
- Wesen und Signatur der Heilpflanzen, Roger Kalbermatten, AT Verlag 2008, 5. Auflage
- Blätter von Bäumen, Susanne Fischer-Rizzi, AT Verlag 2008, 2.Auflage
- Pflanzen der Kelten, Wolf Dieter Storl, AT Verlag, 2005, 4. Auflage

Alle Bücher kann ich zutiefst als Zusatz-Lektüre weiterempfehlen.

Bild-Künstler

Kim Fohlenstein
Cavum ethmoidale
Natrium muriaticum
Achillea millefolium + S. 21
Alchemilla
Artemisia vulgaris
Ocinum basilikum
Matricaria chamomilla
Echinacea purpurea
Hypericum perforatum
Urtica dioica
Malus communis
Betula alba
Fagus sylvatica
Quercus robur + S.31
Sambucus niger
Tilia platyphyllos
Platanus hispanica
Thuja occidentalis
Juniperus communis
Salix babylonica
Cedrus deodara
Rumpelstilzchen + S.34
Jorinde und Joringel
Dornröschen
Lycoperdon perlatum
Macrolepiota procera
Hypholoma fasciculare
Phallus impudicus
Aconitum napellus
Atropa belladonna
Digitalis purpurea
Hyoscyamus niger + S.25
Delphinium staphisagria
Datura stramonium

Felicitas Quelle
Aurum muriaticum
Pulsatilla vulgaris + S.26

Julia Quelle-Niedrich
Hänsel und Gretel - Karte
Hänsel und Gretel vertrauen dem großen Zyklus S.23
Sterntaler

Klaus Holtzka
Autorinnen-Portrait

Shutterstock
Titelbild + Ahnenfeld + S.16,20,36,38,43,44,45 von Anatoli Styf
Wolf und 7 Geisslein und S. 33 – von TaylorLBlakeVenus
Nervus trigeminus - Phol Thailand
Nervus trochlearis - kruraphotó
Nervus olfactorius - mycteria
Kauz im Baumstamm S.10+30 - Martin Prochazkacz
Nervus glossopharyngeus -Stephen Clarke
Torwächter + S. 24,36,38,42,45,44,45 von Pictureguy
Euphrasia + S. 18 - Miroslav Hlavko
Rechte Herzhöhle + S. 22 von siete_vidas
Pulmo - Nikishina E
Pharynx - mr.wijannarongk kunchit
Sinus maxillaris - lorenza62
Nebennierenmark - Alexyz3d
Hyophyse - Balasioiu Sorin Ionut
Schilddrüse - Aristokrates
Thymus + S.15 - Chase Dekker
Nebennierenrinde - innere Schicht - LouieLea
Das häßliche Entlein - Luka Hercigonja
Froschkönig - Stephen Clarke
Graphites - Gwoeii
Magnesium phosphoricun - Andrey Pavlov
Sulfur - Strahil Dimitrov
Silicea - Yuganov Konstantin
Kalium bichromicum - Romolo Tavani
Barium carbonicum - pathdoc
Conium - dadalia
Penicillinum - begemot_30
Seelenebene-Zeit+S.28,36,38,44,45 von begemot_30
Seelenebene-Wesen + S.32,36,38,43,44,45 von begemot_30
Seelenebene-Raum + S.30, 36,38,44,45 von Elena Schweitzer
Fliegenpilz - carmogilev
Candida albicans - canadastock
Fraxinus excelsior - Bos11
Rotkäppchen - critterbiz
Beinwell - Bildagentur Zoonar GmbH
Rosmarin - Anne Powell
Selbstvertrauen + S.12,36,38,43,44,45 von geertweggen
Freiheit + S. 10,36,38,43,44,45 von Hannu Rama

Fotolia
Nervus vagus und S. 40 von mbridger68
Nervus hypoglossus - mbridger68
Nervus facialis - Lawrence G Photos
Nervus oculomotorius - mirkograul
Nervus hypoglossus - yoshihiro_oikawa
Nervus abducens - alba1988
Nervus acessorius - chris2766
Papaver somniferum - cehermosilla
Mandragora - Phototribe
Baldrian - Andrea Geiss
Sinus frontalis - esrael_foto
Linke Herzhöhle - csterken
Verbundenheit +S.14, 44,45-Boyan Dimitrov
Mastoidhöhle - evenfh
Tuba auditiva - cheewin
Paukenhöhle - Durk
Inselzellen der Pankreas - Magnus
Hypothalamus - Fotokon
Epiphyse - Mathis
Nebennierenrinde - mittlere Schicht - dejavudesigns
Nebenschilddrüse - dejavudesigns
Gonaden - Richard Carey
Nebennierenrinde - äußere Schicht - hysazu
Mistel - unicusx
Ferrum phosphoricum - cranach
Argentum nitricum + S.17 - rolffimages
Aschenputtel - SergioET
Pfifferling - danilsneg
Austernpilz - Tarabalu
Steinpilz + S.29- sever180
Amanita phalloides - tomasztc
Aspergillus niger - Kateryna_Kon

Einen schönen Dank
an alle Künstler, deren Bilder am Kartenset Mikrokosmos teilnehmen! Sie bereichern es wirklich sehr.

Ahnenmedizin • Seelenhomöopathie • Kartenset Mikrokosmos

heil+kunst verlag

...weil's ums Ganze geht!

heil+kunst Verlag
Eberstädter Straße 31
64367 Mühltal
Tel: 06151-60 17 900
email: verlag@heilundkunst.de

ISBN: 978-3-946812-02-9

heilundkunst.de